AF607466

Luz de la tarde

LOLA TEROL

Aliarediciones

Corrección: Eladia Guerrero
Diseño de cubierta y grabados de Ricardo Casstillo
Maquetación: Aliar Ediciones

Depósito Legal: GR 1218-2024
ISBN: 978-84-10374-58-4

Impreso en España

Edita
ALIAR Ediciones
www.aliarediciones.es
info@aliarediciones.es

Luz de la tarde

LOLA TEROL

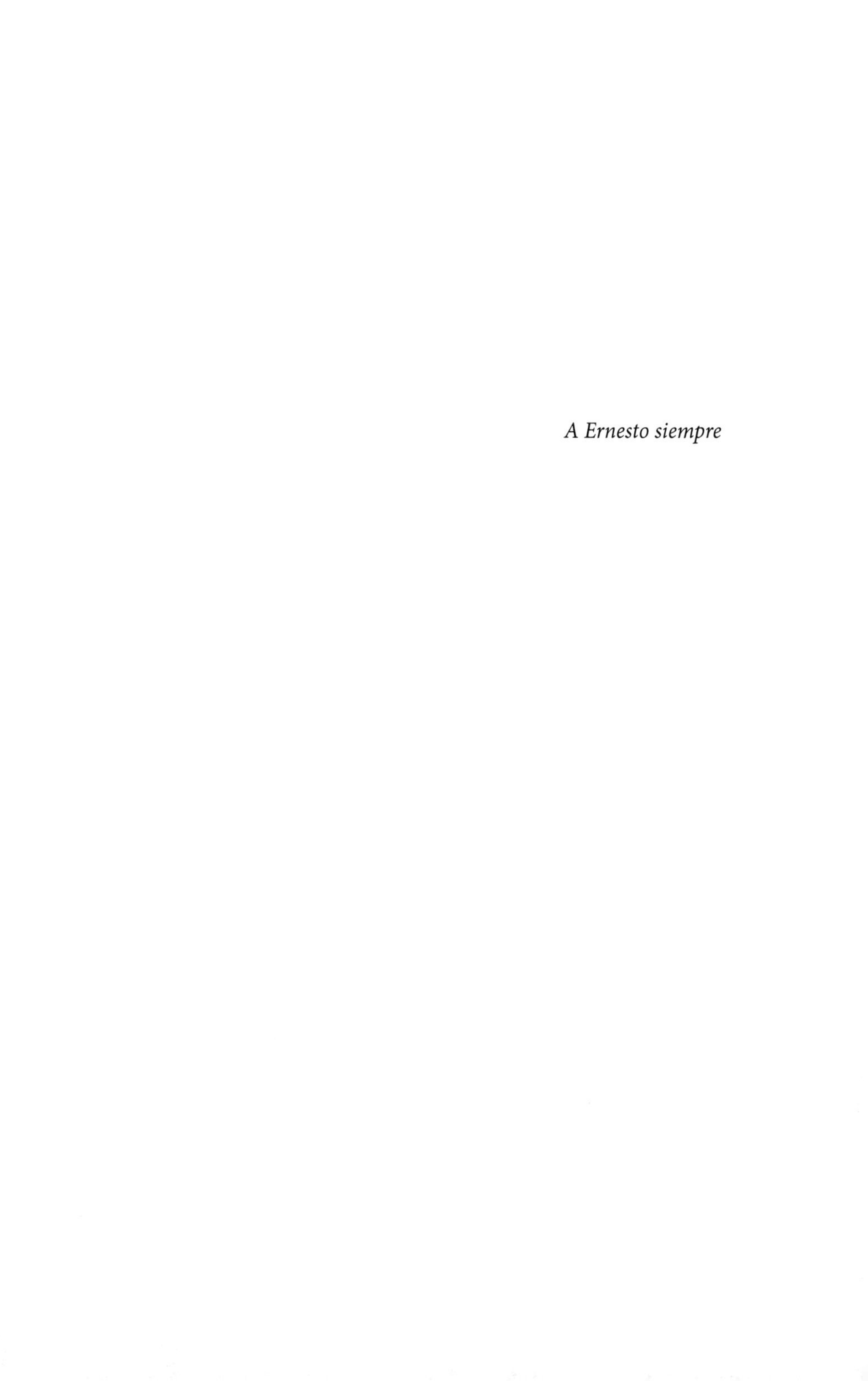

A Ernesto siempre

Si se queda usted en la naturaleza, en lo sencillo
que hay en ella, en lo pequeño, que apenas ve uno,
y que tan imprevisiblemente puede convertirse en grande
e inconmensurable; si usted tiene ese amor
por lo pequeño y trata de ganarse, como un siervo,
la confianza de lo que parece pobre, entonces todo le será
más fácil, más unitario y, no sé cómo, más reconciliador,
acaso no en el entendimiento, que se echa
atrás asombrado, sino en su íntima conciencia,
en su vigilia y en su saber.

Cartas a un joven poeta
Rainer Maria Rilke

Fue él quien intentó hacerme recitar alguna vez, aunque sin un pudor más fuerte que mi complacencia enfriaba mi elocución; él quien me hizo escribir mis primeros versos, corrigiéndolos luego y dándome como precepto estético el que en mis temas literarios hubiera siempre un asidero plástico.

Ocnos
Luis Cernuda

I

31/35

FUEGO EN LA PLAYA

El mar
se volvió ceniciento casi negro
barrimos las cenizas
que inundaron las calles
como una gran nevada

Cenizas
que cubren con un manto
el cielo en la montaña más azul
pavesas extenuadas se derraman
ahora cuando esperas a la luna

La noche vence a las estrellas

Bajan aguas marchitas
la orilla del mar se ha teñido
arrastra con las olas el hollín
que traza dibujos ondulados
de grisura en la arena limpia
viste de luto el borde de este mar

El humo
hilachas de negruzca tela para este duelo
a vida con las llamas

La niebla
al fondo del incendio que devora
con ansia el horizonte de color
verde o morado
como uvas en el tiempo de vendimia

Las olas
meditan nos mecen
con díscolo y estruendo alegre
se espuman

Humo niebla ola noche
cenizas mar

Naturaleza en áspera batalla
contra los elementos

RUIDOS DE LA CASA

Un tintineo enciende la luz de un roce suave
la casa está habitada nos recuerda
la casa que ya no es sigue siendo todavía
cuando los muebles crujen día y noche
sobre todo en la noche
También
la orquídea desliza el color violeta pálido
cuando la miras
¿por qué no arrojarán olor todos los colores?

Esos ruidos que habitan nuestra casa
el agua en el lavabo
la nevera se apaga y se vuelve a encender
recuerda los objetos cobran vida
y tus dedos recorren ahora la hoja
que rasgas con el trazo firme de un lapicero
y el ruido de unas sábanas recién planchadas
reconfortan tus miedos desde niña

INTRUSOS

Voces trinos arrullos
                                        se enseñorean
de mi casa en un tubo de aluminio
como túnel amigo de hojas
                                        y ramas

Díscolos pendencieros revoltosos
se asoman curiosean
solo por verme cuando me levanto
Contadme
¿qué delirio espolea vuestras alas
que tan veloces pueden platicar?
mas ¿cómo me habéis encontrado?
Decidme
¿qué veis desde lo alto?

Voces trinos arrullos tan sumisos
                                        tan rebeldes
se adueñan del silencio casi frío
todo silencio sabe mecerlos
en un puño cerrado

Voces trinos arrullos
entran por las mañanas en silencio
en mi silencio

MÁQUINAS DE MI CASA

(Tarifa)

Secadores de pelo turbinas enormes
tragan aire
es la hierba que engullen para subsistir
rivalizan los negros aguiluchos negros
muy negros
(algunas)
salen de madrigueras
asomando sus brazos que piden ayuda
¿serán aviones camuflados
con pereza para volar?

El mar hoy se confunde de color
asfalto gris oscuro el color del silencio
en realidad estrellas artificiales hélices
de algún avión varado en alta mar

Otras máquinas
me pueblan
una Hispano Olivetti entintada de letras
encima de una Singer con talento de sastre
que costurea sensaciones
compiten con el tiempo de una computadora
con agujas de unir el tiempo en movimiento

El motor que nos mueve planta cara al pasado

EL HUSO

Una mañana en marzo
caminamos deprisa y de repente
el tiempo nos heló en una instantánea
con Antonio Machado
en el palacio de las Dueñas

En medio de la calle a nuestro paso
de un huso de otro tiempo germinan cordones
(sin huso también yo tejía eternos cordones
impregnados de espliego)
dos hombres alejados devanan la madeja
que imagina un arco iris y luces de algunos días

Los cipreses se asoman y saludan
nuestra llegada
las palmeras también saludan
mientras reflejan
sombras de aquel poeta que fue entonces

Nos empapa este espacio limpio y puro
de una gran polvareda de colores
dorados amarillos verdes blancos
sumisas buganvillas escalan las paredes
ayer abiertas/hoy cerradas

Nos empapa en recuerdos
recordar significa *pasar por el corazón*

Hace falta una chispa que encienda
las luces de esa calle hoy como siempre

todavía envuelve hilos la rueda
que unos hombres a un tiempo ya ovillaron
Después vagamos por ese lugar
tan en silencio como enternecidos

PRIMAVERA Y UN PÁJARO

Salta de rama en rama
sube y baja con peso (leve)
baila sobre un trapecio improvisado
hasta hacer equilibrio en esa goma
camuflada de rama
gimnasta alborotado en estos días
la primavera vuelve a colarse sin permiso

DINOSAURIOS I

Amenazantes armatostes
como en un rebaño
enormes dinosaurios con esqueletos
amarillos que escarban en la tierra
se han instalado debajo de nuestra ventana

Por la noche parecen reposar
                                        reponer fuerzas
de día excavan y eternizan lo eterno
la tierra que sus palancas remueven
chimeneas de hocicos humeantes
la desazón desbrozan de pedruscos

Destruyen entusiasmo viejo
levantan ilusiones nuevas

Estos tiranosaurios ahora esqueletos
de color ocre empujan con volquetes
hacia el infinito
el soñar de todos los días

DINOSAURIOS II

Ya vuelven del trabajo
sus motores desfallecidos
y ruido de oxidadas cadenas
rompen este silencio de la tarde
clara de limpia
azul y blanca
ruidos a los que el tren se suma y rebasa
quejas
lamentos
ensordecedores
caen en el olvido del silencio
sus brazos ortopédicos van languideciendo
hasta aparcar al nuevo día
que será como el de hoy
excavadoras
apisonadoras
volquetes
ponen de pie la luna

DESDE NUESTRA CASA

A Juan

Desde el lugar más claro y alto de nuestra casa
vemos las jacarandas cómo crecen
junto a pinos lentiscos y encinas

Por allí caminaron los obreros
cuando levantaron compuertas
para la crecida del río

Cuánto esfuerzo en lucha contra la naturaleza
se rebela la hierba y se levanta
al lado de retoños
que entregan sombra fresca todos los veranos
y cobijo en invierno
para los caminantes que pasean
un nuevo mundo

¿Qué mundo por qué nuevo?

Es porque nunca ha sido hollado
entonces
¿no ves volar las golondrinas?

¿No ves cómo el día se alarga
y la noche se acorta?
(más corta)
Sobreviene la vida por delante
cada día adelante
nos acecha y nos dice
nos habla y nos marchita

empecemos para volver
a empezar

Desde el lugar más alto y claro de nuestra casa
cuando vinimos
se mostró la melancolía

LLUVIA SOBRE LLUVIA CON ALMENDRO

El almendro con ramas hacia el cielo
invoca a la lluvia tenaz
para que deje de llover
suben las ramas
ascienden muy alto
quieren colarse entre las nubes

Te pones la ropa
                    te vistes
pides aprobación
ese gesto y otros
sabes si está de buen humor
sus cejas lo descubren
su hueco más profundo que el tuyo en la almohada
sus zapatos bien cepillados
su tos
sus manos te protegen y consuelan

El almendro
                    —decías—
ramas de los almendros
con hastío buscan sol
como una escoba panza arriba
el almendro sube sus ramas
al cielo
                    busca rayos luminosos
robados por manadas de otras nubes
sus ramas
cuajadas de colores
suaves tan suaves delicados
tersura en labios rojos

También, ¿quién puso la base del arco iris,
también, quién guía las esferas dóciles
por juncos de azul flexible?
¿Qué dedos atan las estalactitas
quién cuenta la plata de la noche
para saber si nadie está en deuda?
¿Quién edificó esta casita albana
y cerró herméticamente las ventanas
que mi espíritu no puede ver?
¿Quién me dejará salir un día de gala
con implementos de vuelo,
fugaz pomposidad?

Poesía completa
Emily Dickinson

II

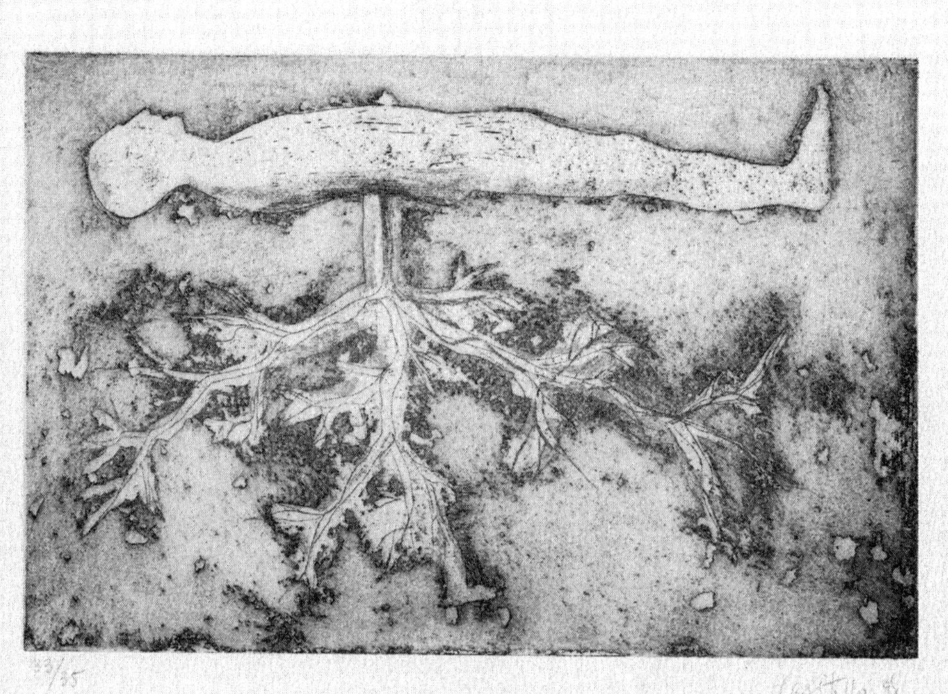

RECADO DE ESCRIBIR

Con Antonio Muñoz Molina

Los árboles dibujan el paseo
el escritor recoge codicioso
hojas para su archivo callejeras
silvestres de arqueólogo chiflado
por palabras tesoro que atesora
¿En qué camino está cada palabra?
¿En qué consigna guarda
sentidos acepciones y significados?
Papeles borradores lapiceros
entradas de teatro y sus pisadas
huecos en la memoria
Detenido el tiempo la palabra en el vacío
entradas al pasado
¿En qué camino está cada palabra?
¿En qué camino está la poesía?
Paseo solitario entre susurros
de hojarasca cuadernos de trabajo
cartas de los lectores manuscritos
Material para obra en construcción
escritores desbrozan el camino
artesanos de sílabas como argamasa
que amalgama emoción y poema

NO ES UNA ENUMERACIÓN CAÓTICA

Empuja su carrito de la compra
sin compra alguna
los cubos de basura ya no son
basura
sino contenedores de supervivencia

El detritus se adueña de los hombres
televisores ciegos
maletas sin billete de ida y vuelta
tuberías de plomo
ahora un nuevo plástico
contemporánea
pesadilla basura incombustible

Cubos contenedores
son dados de colores para juegos
y construir como mecano
de varias formas ensambladas
amarillos
verdes
azules

Azul este color sí lo conozco
papeles también cartas sin destino recibe
secretos y mentiras nutre generaciones
lo vivido y lo por vivir
Pobreza extrema
emergencia nutricional
daños colaterales
burbuja inmobiliaria

(Me dicen)
ya puedes descansar
tengo mucho que contarte
tenemos mucho que contarnos

UNA NOTICIA EN EL PERIÓDICO

PODEMOS no dejar de leer los periódicos

La vida de una chica
la muerte de su madre
la vida y la muerte han venido
la vida se ha olvidado de ellas

(Soledad más soledad)

Sujeta al borde del vestido
con pesas para no volar
todo puede sobrevenir más triste
que la mayor de las tristezas

No podemos dejar de leer los periódicos
no podemos

PALOMAS EN LA LLUVIA

El aire con gran fuerza
levanta las hojas del suelo
y azota las palmeras hasta desempolvarlas

Ya las palomas aburridas
de un vuelo ágil han bajado
las alas mojadas de lluvia
no tienen niños que asustar

a   li   nea   da   s

en los respaldos de los bancos
parecen esperar una película
actrices de terror en ese parque
de gárgolas hieráticas

De noche
tienen un aliado en la oscuridad del cielo

Mientras escribo

Los golpes de tu lápiz
en el papel
te delatan

ENCADENA DOS

AUSTERIDAD

Tragan desánimo
mañana las noticias
de los periódicos

Austeridad
pensar en la comida
para mañana

Austeridad
poner calefacción
días alternos

Austeridad
no observar de frente
mirar al sesgo

Austeridad
ver todos los prospectos
de medicinas

Austeridad
coges el autobús
de desertores

Austeridad
buscas en la basura
restos de nada

Austeridad
hasta en los pensamientos
más bondadosos

AUSTERIDAD GRADO CERO

Austeridad
piensas en los que amas
un rato al día

Austeridad
plantas un árbol frágil
vida da vida

Austeridad
ves desde tu ventana
volar gorriones

Austeridad
charlas hasta cansarte
con los amigos

Austeridad
desahuciado humillado
siempre contigo

Austeridad
niño recién nacido
piel arrugada

Austeridad
miras hacia las nubes
paseas cielos

Austeridad
desechos de poemas
palabra viva

VEJEZ

¿Has dormido bien?
ahora hablamos del sueño
ayer soñábamos

SIN TÍTULO

Tu ropa (nos aleja)
los dedos (acarician)
tu mirada (vive conmigo)
mi miedo (derrite y enamora)
mi tristeza (apelmaza)
tristeza por vivir (estando viva)

IMAGEN EN SOL Y BLANCO

En la hierba ropa blanca secada al sol
como un trozo de espejo
espejea radiante en pleno día

El sol limpia tus sábanas
y forman una cama de retales
bien oreada
en la hierba suave
que vivifica un soplo almo

ALUMNO AVENTAJADO

Meditas en silencio el poder
de la palabra
              grande
más grande que ese niño
de pelo crespo
ojos enormes (negros)
que engullen lo que tocan
                                        ansias
de aprehender
palabras con palabras
que sabe decir *okey*
mientras borra a tu espalda
la pizarra tan blanca a veces negra

Aprende rápido
cuando repite *ti*
no no
se dice *sí*
y aprende a decir *no*
y no
grandes palabras grandes
en un paquete de patatas

Su casa
voló de un soplo
como en Los tres cerditos
(su antigua casa)
de un golpe de aire
alza el vuelo a lugares de ladrillo

al vuelo sin destino
en barcos de juguete

¿Adónde vuelan?

En cajas de cartón
nidos de golondrinas
hospital Macarena su primera casa
su casa
son dados de un juego de pájaros

Se llama Edosa
tiene tres años

Al hablar o al escribir, al expresarnos,
mostramos la apariencia; lo que somos
no va en nuestra palabra o pensamiento.
Habita el alma lejos de nosotros.
Y si es difícil revelar cómo es,
por mucho que pongamos nuestro empeño,
menos aún del corazón decimos.
Enseñamos lo mismo que escondemos.
No existe puente alguno entre las almas
que la mente traspase o la mirada.
Cuando creemos ir a los demás
en nuestras propias selvas nos perdemos.
La vida es sueño y un destello el alma,
Y somos sueños en los sueños de otros.

35 Sonnets / 35 Sonetos
Fernando Pessoa
(Traducción de Francisco Barrionuevo)

III

CUANDO TENÍAMOS QUE ESTACIONAR EL COCHE EN UNA CUESTA PARA PODER ARRANCARLO POR LA MAÑANA

Mordaza amordazada
palabras pensamientos hoy vedados
se rebelan y luchan cuerpo a cuerpo
rodeada de olores a jazmín
y a ropa recién lavada
jugabas con libélulas (mucho antes)
con alas delicadas cristalinas
para que te llevaran en su vuelo
prendidas con un hilo de cometa
las pobres al jugar decapitadas

Sentada en un peldaño de tu patio
la tapia se ofrecía como un lienzo
donde aquella película te proyectaba
como protagonista de *Los cinco*
de la metamorfosis
o de alguna novela de Don Pío

Encendías a veces los cigarros
con su permiso
cuando escribes su nombre
queda esculpido en tu recuerdo
el vacío la nada el tiempo

LUZ DE LA TARDE

La tarde con su luz
tan suave
protege y reconforta
ha pasado tanto tanto tiempo y tan deprisa
no pudiste abrazarlo
ni cogerle la mano
el tiempo no lo quiso

La tarde con su luz nos protege y reconforta
noche casi cerrada

¿Qué nos traerá el sol amable con sus rayos?
Nos lamerá la cara
peinará pesadumbres

Te llevarán a un lugar (dónde)
entre el silencio enorme de las olas
mecerán tu recuerdo siempre
                                        siempre

VIAJES ANDADOS

Las nubes sostienen el cielo
debajo claridad blancura
se abren como alas hacia el sol
inician nueva tarde

Desdibujadas
dos siluetas caminan
una nube se cuela entre sus manos
y como aviones deja estelas
en la frente amplia y despejada
del cielo
            Trenzas anudan en sus dedos

Desdibujados
al fondo del muro celeste
pasean una nueva tarde
que en el comienzo empieza a terminar

Mientras suena *My funny valentine*
entonces ahora hoy
cómo contarte

La tarde se recorta sobre el atardecer
llega la noche estrellada

CUANDO VAMOS A SALIR

Vamos *a llegar tarde*
te dice mientras entras en el ascensor
y te miras en el espejo
poniéndote el reloj y un pañuelo anudado
al cuello
te miras otra vez algo conforme
siempre te espero

piensas qué vas a hacer con tantos libros
no te has puesto pendientes

el espejo devuelve tu mirada
gramáticas
diccionarios español
inglés
francés
latín

Lo miras atrapándolo
lo vuelves a mirar

Marchitará la rosa el viento helado
madurarás conmigo
abrazarás con fuerza
abrazarás estrellas

no dejarás que pase nuestra noche
el día vuelve muy tan de mañana
no podemos faltar a nuestra cita

NOVIAS Y POESÍA

En Arcos

Tiempo de novias y de velos
blancos como el vestido
blanco aquel de tu madre
que llevaba una tarde azul calipso
como tul ilusión
(quimera)

Poesía vestida como novia
así es el color de este papel
con palabras encontradas hoy
en este callejeo

(ya la esposa se esconde)

Encuentras versos y palabras
como esa novia el día de su boda
estampa su figura para siempre
sin mirar a la cámara

Tiempo de novias y de velos
el vestido que llevaba blanco (blanco)
tu madre entonces
en esa otra fotografía

Blanco de novia
Blanco de madre

Hoy has vuelto a mirarla
entre las callejuelas empinadas

¡Cuánto te pareces a ella!
¿Cómo un antiguo enamorado
reconoció tu cara ya de adulta
en su cara de niña?

Dicen
regresas a envolverte en su regazo
de remota y nueva blancura
(alba)

LA SILLA

Paseábamos todos los días de la mano
de mi madre y su silla de tijera

Silla en la que tejía mientras
nos veía jugar
correr
al tiempo
moldeaba el paisaje
de los primeros juegos infantiles

Las agujas de punto
trenzaban tardes
de todos los colores
a veces vivos
tristes a veces

Volvíamos a casa
con las piernas cargadas de arañazos
y los bolsillos llenos de ilusiones
edad en la que había sueños

Crisálida dorada
en la memoria de tu infancia

PAISAJE PARA CONSTABLE

Solo colores fríos
en tu paleta
como este día helado y otros más

La ventana de siempre un foco
dirige el objetivo hacia tu infinito gris
grises desde el oscuro ardilla
más oscuro hasta el gris perlado
cenicienta pizarra
tejados de casas rurales
globo color tráfico intenso
negruzco cuando
se inflaman de color plomo las nubes

Al fondo al fondo verdes
bajo ese cielo
quieren extender su alegría
que suspira de vez en cuando
gotas muy finas
de lluvia
verde veronés árboles más altos
los más bajos verde esmeralda

Junto al gris plomizo del musgo
helecho luminoso
y ópalo entre ramajes
gris basalto
verde hoja
verde oliva
cruzan batallas con granitos

el gris más claro
como un globo color tráfico intenso
gris polvo las cenizas
envueltas en parduzco verde
botella
pátina entre el cielo y la tierra
se despliegan ante tus ojos
los días de los días

NARANJAS

Olor de naranjas amargas
cuando caen
las varean para extraer
su pulpa aún con vida
caliente del sol de mañana
de invierno

Los naranjos despeinan
vareadores con vara fuerte
que hacen rodar naranjas insurrectas

Nos abrigan con sus colores
anaranjados dulces
amarillentos ásperos
este invierno no quiere
dejar de serlo

Naranjas de color naranja
después el azahar

Los pájaros se desorientan
de rama en rama hastiados
han olvidado su tarea
anunciar otra primavera
volar los vuelos

En días claros
borradas las nubes que ensucian
el cielo azul

los pájaros se amparan
en los naranjos
esperan holgazanes

IMPRESIONES

I

Trenes entre los árboles
traen asientos del tiempo

II

Basura del mar
conchas
algas
y restos de cometas

III

La brisa el aire
contra tu piel
juegan al corro
con tus miedos

IV

Los cabellos del viento
¿qué cabellos
cabalgan sobre el viento?
(¿o es el viento el que cabalga?)

V

El roce de melocotón
es la piel de manzana

AZUL VERDE GRIS

El mar no siempre azul
cuando el día brumoso
verde luego oscuro
color turquesa
                    como azulado

Cuando hay nubes y nubes
entonces (el mar) gris por el color
de esas nubes que se reflejan
                         (en él)
tres colores azules grises verdes
luego nuestro mar doma horizontes

Los árboles ardieron
sobre las ramas negras desoladas
brotan hojas muy verdes
sobrecogidas
parecen plumas de aves verdinegras

Algunos días ves un cielo limpio
recién lavado por la lluvia
en la otra orilla
enfrente
un pueblo brilla
¿brillan los pueblos?
sus casas, calles y alamedas
bajo rayos de sol
¿serán cristales de ventanas?
¿o espejos en armarios?

la luna
del armario

Desde tus olas
¿podré mirar el cielo y las estrellas?
¿podré mirar el mar que es nuestro mar?
oscurece más pronto
que el cielo
no tiene luz

¡Qué cerca vuelan las gaviotas!
¡cómo planean tus anhelos!
una vuela al fondo desvela
el vuelo de gaviotas sin destino
el roce de tus manos en las mías
se perderá en la nada por la nada

CRISTAL LUCIENTE

¿Has visto alguna vez el cristal limpio
pulido por crestas del mar
que juegan a colarse entre tus pies?

Cristal piedra preciosa de la mano del hombre
de la mano del mar

Índice

I

II

III

Este libro se terminó de editar en Granada
en septiembre de 2024 por

www.aliarediciones.es
info@aliarediciones.es